AF561064

1865 (1er Avril)

208e

CATALOGUE

DE

PLANCHES DE CUIVRE

Et Acier gravées

PIERRES LITHOGRAPHIÉES

ET

ESTAMPES

EN FEUILLES

DONT LA VENTE AUX ENCHÈRES PUBLIQUES POUR CAUSE

De cessation de Commerce et d'Édition

DE M. WILD

AURA LIEU

HOTEL DES COMMISSAIRES-PRISEURS

Rue Drouot, n° 5

SALLE N° 3, AU PREMIER ÉTAGE

Le Samedi 1er Avril 1865

A UNE HEURE PRÉCISE

Me **DELBERGUE-CORMONT**, Commissaire-Priseur,
rue de Provence, 8,
Assisté de M. **VIGNÈRES**, Md d'Estampes,
rue de la Monnaie, 13, à l'entresol, entrée rue Baillet, 1,
CHEZ LEQUEL SE DISTRIBUE CE CATALOGUE.

EXPOSITION PUBLIQUE

Avant la Vente, des Épreuves donnant l'état des Planches.

PARIS — 1865

ORDRE DE LA VACATION

On commencera la vente par quelques articles dont les Pierres sont effacées, sujets de la Guerre d'Orient et autres.

Du n° 60 à 81.

Du n° 1 à 59.

Du n° 82 à 86.

CONDITIONS DE LA VENTE

Au comptant, avec CINQ pour CENT en sus du prix d'Adjudication, applicables aux frais.

M. VIGNÈRES, dirigeant la Vente, se charge des Commissions.

NOTA. Toute commission sans prix fixé ou sans limite déterminée sera regardée comme nulle.

M. VIGNÈRES se charge de faire marquer les prix aux Catalogues des ventes qu'il a faites. Les personnes qui le désirent peuvent s'adresser à lui *franco*.

Les Catalogues des Ventes à faire seront envoyés aux personnes qui en feront la demande *affranchie*.

AVIS. — Nous prions MM. les Amateurs éloignés de ne pas attendre au dernier jour, pour que les lettres arrivent le matin de la vente ; ils comprendront que quelques lettres peuvent se lire, mais de 20 à 50 lettres, c'est difficile.

CONDITIONS PARTICULIÈRES DE LA VENTE

de M. WILD

ÉDITEUR D'ESTAMPES.

Les planches et pierres seront vendues dans l'état où elles se trouvent présentement déposées chez MM. les imprimeurs chargés de l'impression, lesquels en feront la remise dans les vingt-quatre heures qui suivront l'adjudication, sur le vu du Bulletin d'acquisition délivré par M. le commissaire-priseur chargé de la vente.

Passé le délai de huit jours, après la vente, le vendeur ne sera responsable d'aucune réclamation de quelque nature qu'elle soit.

Dans les prix d'adjudication ne sont point compris les tirages que les acquéreurs auront la faculté de prendre au prix d'impression et de coloris.

Le nombre des épreuves portées au présent catalogue n'est qu'approximatif.

Les grandeurs désignées des sujets sont toujours le noir seul, sans marge.

Il sera mis sur table une épreuve de chaque sujet, ce sera l'état de la planche ou de la pierre au dernier tirage, garanti par le vendeur.

On pourra prendre connaissance des collections pendant les trois jours qui précéderont la vente, chez M. Vild, rue Vivienne, 31, de 9 heures à 4 heures. Il donnera tous les renseignements omis au présent catalogue.

Les pierres sont chez M. Lemercier, rue de Seine, 57, et chez M. Frick, rue de l'Estrapade, 17. Ces Messieurs pourront donner tous les renseignements sur l'état des pierres avant la vente.

DÉSIGNATION

1 = **Les Conscrits Bretons. — Les Adieux.** Deux sujets d'après *Fortin*, gravés par *Castan*. Grandeur sans marge, 66 sur 49 centimètres.

2 Planches d'acier.

8. Épreuves en noir environ.

2 = **Chien courant. — Chien d'arrêt.** Deux sujets gravés par *Hurliman*, d'après *Le Dieu*. Grandeur, 32 sur 44 c.

2. Planches de cuivre.

3 = **S'y préparant. — Y entrant.** Deux sujets gravés par *Alais*, d'ap. *Rioult*. Grandeur, 24 sur 17 c.

2. Planches d'acier.

4 = **Le Sauveur.—La Vierge.** Deux sujets gravés par *Sixdeniers* d'ap. *Collin*. Grandeur, 30 sur 45 c.

2. Planches d'acier.

COLLECTION

DES GRANDES VUES DE TOUS LES PAYS

5 = **Vues de Paris et environs.**

Grandeur, 38 sur 58 c.

Souvenirs de Paris. — Place de la Concorde. — Bois de Boulogne. — Palais-Royal. — Madeleine. — Les Invalides. — Saint-Cloud. — Parc de Versailles. — Fontainebleau. — Versailles (côté de l'entrée).

10. Pierres de noir. 18-24.

5. Pierres de teintes, 18-24.

248. Épreuves en noir environ.

28. Épreuves en rehaut, id.

31. Épreuves en couleur, id.

6 = **Vues de France et d'Algérie.**
Grandeur sans marge, 58 sur 38 c.
Bordeaux. — Brest. — Marseille. — Toulon. —
Dieppe. — Strasbourg. — Alger. — Constantine.

8. Pierres de noir, 18-24.
6. Pierres de teintes, id.
162. Épreuves en noir, environ.
16. Épreuves en rehaut, id.
36. Épreuves en couleur, id.

7 = **Vues d'Allemagne.**
Grandeur sans marge 38 sur 58 c.
Hambourg. — Stockholm. — Vienne. — Berlin.
— Coblentz. — Leipzig. — Mayence. — Francfort.
— Heidelberg. — Baden-Baden.

10. Pierres de noir, 18-24.
9. Pierres de teintes, id.
310. Épreuves en noir, environ.
31. Épreuves en rehaut, id.
38. Épreuves en couleur, id.

8 = **Vues d'Espagne.**
Grandeur sans marge 58 sur 38 c.
Barcelone, — Madrid. — Valence. — Alicante. —
Séville. — Grenade.

6. Pierres de noir, 18-24.
6. Pierres de teintes, id.
121. Épreuves en noir, environ.
21. Épreuves en rehaut. id.
31. Épreuves en couleur, id.

9 = **Vues d'Angleterre et Pays-Bas.**

Grandeur, 58 sur 38 c.

Londres près de Saint-Paul. — Londres près de Saint-Brides. — Liverpool. — Edimbourg. — Bruxelles. — Anvers. — La Haye.

7. Pierres de noir, 18-24.
7. Pierres de teintes, id.
178. Épreuves en noir, environ.
10. Épreuves en rehaut, id.
15. Épreuves en couleur, id.

10 = **Vues de Suisse.**

Grandeur sans marge, 58 sur 38 c.

Genève (chemin de fer). — Vue du B[t] Electoral. — Interlacken. — Lac de Côme. — Passage de la Tête-Noire. — Lausanne. — La Jungfrau (Lauterbrunen). — Berne. — Aspect de la Suisse. — Lucerne. — Thoune. — Fribourg. — Chute du Rhin. — Jungfrau (Wengernalp). — Vallée de Chamouny. — Unterseen. — Zurich. — Vevey. — Les Iles Borromées. — Le Mont-Blanc.

21. Pierres de noir, 18-24.
21. Pierres de teintes, id.
723. Épreuves en noir, environ.
68. Épreuves en rehaut, id.
76. Épreuves en couleur, id.

11 = **Vues d'Italie.**

Grandeur sans marge, 58 sur 38 c.

— Naples. — Florence. — Milan. — Rome. — Turin. — Venise. — Gênes. — Mont Vésuve. — Mont Etna. — Trieste. — Sorente.

11. Pierres de noir, 18-24.
11. Pierres de teintes, id.
192. Épreuves en noir, environ.
31. Épreuves en rehaut, id.
34. Épreuves coloriées. id.

12 = **Vues d'Amérique** et autres. Grandeur, 58 sur 38 c.
— New-York (Hôtel de ville). — New-York (à vol d'oiseau). — New-York (vue générale). —Philadelphie. —Chute du Niagara. — Cincinnati. — La Havane. —Nouvelle-Orléans. — Mexico. — Pekin. — Papeïti. —Constantinople. —Athènes. — Rio-Janeiro.

14. Pierres de noir, 18-24.
14. Pierres de teintes, id.
371. Épreuves en noir, environ.
66. Épreuves en rehaut, id.
48. Épreuves en couleur, id.

COLLECTION

PAR LEBRETON ET DUMONCEL

13 = **Vues de France, Algérie, Suisse et Italie.** Grandeur sans marge, 50 sur 32 c. Naples (Château). — Gênes. — Cherbourg. — Naples (Vésuve). — Boulogne. — Le Havre. — Marseille. — Honfleur. — Ajaccio. — Lausanne. — Coire. — Neuchatel. — Sion. — Genève. — Ancône. — Venise, 1re et 2e vues. — Messine. — Oran. — Tlemcen. — Alger, vue prise dans le port. — Place royale. — Vue prise de la mer. — Vue prise du magasin au fourrage. — Gênes. — Turin. — Rome. — Suze. — Milan. — Nice.

30. Pierres de noir, 16-20.
24. Pierres de teintes, id.
789. Épreuves en noir, environ.
61. Épreuves en rehaut, id.
74. Épreuves en couleur, id.

14 = **Vues de Turquie, Espagne, Amérique, et Grèce**. Grandeur, 50 sur 32 c.

Baltimore. — Lisbonne. — Boston. — Rio-Janeiro. — New-York. — San-Francisco. — Sacramento. — Constantinople (de Scutari). — Constantinople (Corne d'Or). — Barcelone. — Cadix. — Athènes. — Nauplie. — Rhodes. — Gibraltar. — Syra. — Corinthe. — Acro-Corinthe. — Pizzo. — Corfou. — Smyrne. — Patras. — Saint-Denis (Ile de la Réunion). — Ile Sainte-Hélène. — Alexandrie. — Port-Louis. — Malte (Lazaret). — Malte. — Hambourg.

29. Pierres de noir. 16-20.
29. Pierres de teintes, id.
628. Épreuves en noir, environ.
50. Épreuves en rehaut, id.
62. Épreuves coloriées, id.

15 = **Vues de Suisse et de Savoie**. 61 planches de cuivre, gravées par *Salathé* et *Hurliman*, grandeur sans marge, 20 sur 15 c.

Thoune. — Brientz. — Unterseen. — Grindelwald. — Insprunen. — Interlacken. — Le Guiesbach. — Le Staubach. — Glacier de Rosenlani. - La Jungfrau. — Maison à Meyringen. — Lac Morat. — Le Reychenbach — Brounnen. — Lausanne. — Bienne. — Hospice du Saint-Bernard. - Brunig. — Lac de Brientz. —

Genève. — Chapelle de Guillaume Tell. — Lac de Genève. — Habitation de la reine Hortense. — Le Mont Blanc. — Maisons au Simplon; -à Brientz; — à Stein; — Chalet à la Handeck; — Maisons à Meyringen; — à Hasley; — à Unterseen; — à Maten. — Au bord du Rothsée. — Vallée d'Interlacken. — à Brientz. — Le Mont-Blanc. — Lac de Lugern. — Lucerne. — Cascade de Pisse-Vache. — Lac de Lucerne. — Aspect de la Suisse du Jura. — Fribourg. — Sion. — Descente du Righi. — Val d'Obergesten. — Pont de Saint-Martin. — Glacier du Mont-Dollent. — Le Géant, vu de Courmayeur. — Vallée de Chamouny. — Glacier de Trelatete. — Vue du Buet. — Vallée de Boisnassey. — Cascade de Saint-Gervais. — Chute de l'Arve. — Chapelle des Ouches. — Vue du Valais. — Glacier du Mirage. — Le pont des Chèvres.

336. Feuilles coloriées, environ.

1,443. Feuilles en noir, id.

16 = **Vues de Savoie**. Lithog. par *Deroy* père, grandeur 24 sur 16 c.

Le pont du Fayet. — Village de Saint-Gervais. — Pyramides des Fées.--Vallée de Sallanches.--Aiguilles de Varens. —Source de l'Arveyron.—Pont de Saint-Martin. --La cabine sur le Grand-Mulet. - Passage de la Tête-Noire. —Glaciers des Bossons. — Ascension au Mont-Blanc. — Sallanches. — Mer de glace. —Montenvert.—Chamouny (Hôtel Royal). — Sixt. — Première ascension de l'aiguille du Midi. — La même, la nuit. - Chamouny (hôtel d'Angleterre).

— Vallée de Sixt. — Sixt (entrée de la vallée). — Annecy le château. — Chambéry (vue du château). La cathédrale. — Fontaine des Éléphants. — Annecy. — Chamouny vue générale., — Chambéry vue du Calvaire. — La mer de glace (prise du chapeau). — Le pont Charles-Albert. — Aix-les-Bains.—Chamouny, vue du jardin —Vue du Mont-Blanc. — Vallée de Chamouny (Fontaine Saint-Claudin). — Hôtel de la Pierre à Bérard. — Passage du Mont-Cenis. — Chute de la Barberine. — Aiguille rouge et Buet. — Pont de Triege. — Glacier de Trient et Tête-Noire. — Le lac d'Annecy. — Le Mont-Cervin. — Bonneville. — Chamouny et la chaîne du Mont-Blanc. — La Grande Chartreuse. — Le Mont-Blanc. —Annecy. — Aix-les Bains. — Chambéry.

48. Pierres de noir, 10-12.

48. Pierres de teintes, 8-12.

610. Feuilles coloriées, environ.

2,825. Feuilles en noir. id.

17 = **Vues de Suisse**. Lithog. par *Deroy* père et *Muller*. Grandeur 24 sur 16 c.

—Vevey. —Hospice du Saint-Bernard. — Fribourg. — Zurich.—Le Niesen et la chaîne du Stokhorn.— Berne. — Costume du canton de Berne. — Lac de Thoune. — Iles Borromées. — Genève, prise des Bergues. — Fluelen. — Statue de Saint Charles Borromée.—Vue de la Gemmi. —Village du Simplon. — Chalet des Ormando. — Hospice du Simplon. — Le Pont du Diable. — Cascade de la Handeck. — Les Bains de Loëches. — Château de Chillon. —

Village du Simplon. — Environs de Thoune. — Hillterfingen. — Vue du Rigi. — Le Weil et Wetterhorne. — Lindau au Lac de Constance. — Weggis. — Les Bains froids sur le Rigi. — Eisenfluhe, — Ile Mainau. — Constance. — Hilterfigen — Zurich.—Lac de Côme. — Genève, jardin Anglais. —Ilede J.-J. Rousseau. — Lausanne. — Martigny, pension Ketterer. — Pension Masson. — La Jungfrau et la Vallée de Lauterbrunen. — Le Staubach. — Palais fédéral à Berne. — Neuchâtel — Château de Chillon. — Yverdon. — — Institut Moran. — Départ pour les Alpes. — Une Averse sur le Rigi. — Glacier de Rosenlaui. — Bellevue, près Lauzanne. — La Jungfrau — Vallée de Meyrigen. — Gersau. -- Le grand Pont de Lauzanne. — Vue du Grutli. — Fitznau. — Le Giesbach. — Le Schmadribach. — Passage des Échelles. — Le Lion de Lucerne. — Saint-Gall. — Clarens. — Coire. — Lac de Brientz. — Fribourg, vue du Grand Pont.—Winterthur.—Fribourg, prise du pont.-Bâle porte St-Paul--Bâle prise de la terrasse. -Bâle, vers l'hôtel des Trois-Rois.--Fribourg, chapelle N.-D.de-Lorette. --Fribourg, place N.-D. -- Zurich, prise du Pont-des-Moulins. — Vue de Lucerne. — Fribourg, prise du Palatinat-. Bâle, vers le Casino. - Fribourg, vue de la Passerelle. — Zurich, prise de Helmhaus. — Baden près Zurich. — Cathédrale de Bâle. — Hôtel-de-Ville de Bâle. — Thoune, prise du Pavillon de Bellevue. — Lucerne, église des Jésuites. — Brientz. — Grindelwald, Hôtel de l'Aigle.— Glaciers supérieurs et inférieurs.

— Glacier inférieur. — Chapelle de Guil. Tell. — Grindelwald, Hôtel de l'Ours. — Vue de Sion. — Thoune. — Auberge de Rigi-Staffel. — Jonction de l'Arve et du Rhône. — Bienne. — Zurich près du quai des Bateaux. — La chute du Rhin. — Einsideln, N.-D.-des-Ermites. — Interlacken. — Berne, Palais fédéral. — Lucerne, vue générale. — Vallée du Grindelwald. — N.-D.-des-Neiges au Rigi. — L'Eiger et le Monch. — Les Iles Borromées. — Niege. — Schaffhause. — Le lac Noir. — Vue de Zermatt. — Hôtel du Riffel. — Col et fortification de St-Théodule. — Saint-Maurice. — Neubruck. — Extrémité du Glacier de Gomer. — Le Mont-Cervin. — La chaîne du Mont-Rose, 2. — Chute du Rhin. — Promenade d'Interlacken. — Bâle, prise de la rive droite. — Maison à Gouggisberg. — Hôtel du Rigi-Vaudois. — Chalet de la Handeck. — Lucerne vers la cathédrale. — Finsteraahorn. — Loeches la ville (Vallais). — Vue prise du Pont du Rhône. — Inden, route de Loëches. — Loëches-les-Bains. — Loeches et Glacier de la Dala. — Vue du Grand Bain. — Intérieur du Grand Bain. — Cascade de la Dala. — Échelles d'Albinen. — Chemin de la Gemmi. — Le départ pour les Alpes. — Rives du Lac de Genève. — Le Lac de Brientz. — Genève, prise de Pregny. — Lac de Wallenstadt. — Vue de Beaugartenalp. — Mollis. — Glacier de Rosenlaui. — Clarens. — Interlacken. — Église catholique à Genève. — Vallée de Meyrengen. — Lucerne vers le Pilate. — Zurich, prise de l'Hôtel de l'Épée. — Le Rigi Culm. — Schwitz. — Zug, prise de la route de Lucerne. — Zurich, prise de la Weid. — Genève, place Cornavin. — Grand Viaduc du chemin de fer à Fribourg. — Genève, prise au-dessus du chemin de fer. — Hôtel des Bergues et Pont du Mont-Blanc.

159. Pierres de noir, 8-10.
159. Pierres de teintes. 10-12.
1,666. Feuilles coloriées, environ.
10,149. Feuilles en noir, id.

18 = **Guide du voyageur en Suisse**. Lithog. par *Deroy* et *Muller*.

86. Pierres de noir. 12-16.
20. à 2 Panoramas à la pierre. 23-10 c.
63. à 4 petites vues. 14-10 c.
3. à 4 petits costumes. 14-10 c.
Toutes ces pierres ont deux teintes.
172. Pierres de teinte.
786. Épreuves coloriées, environ.
3,952. Épreuves teintes, id.
400. Panoramas séparés, id.
1,000. Petites vues id., id.

19 = **Les bords du Rhin**. Lithog. par *Deroy* père. Grandeur, 24 sur 16 c.

Baden-Baden (salon de conversation). — Vue générale. — Galerie des buveurs. — Spire, vue générale. — Manheim. — Heidelberg, prise du Neker. — Vue du grand Balcon. — Intérieur de la cour. — Worms, la Cathédrale. — Oppenheim. — Mayence, vue générale. — La Cathédrale. — Abside de la Cathédrale. — Biberich (Palais du grand-duc). — Wiesbaden, place Wilheim. — Le Kursnal.

— Francfort sur le Mein. — Bingen. — Château de Rheinstein. — Bacharach. — Chapelle Saint-Verner à Bacharach. — Le Pfatz. — Château de Schonberg. — Oberwesel. — Lurley. — Saint-Goars-Hausen. — Reinfels. — Bappart. — Marksbourg et Braubach. — Le Koenigsstul. — Stozenfels. — Ems. — Coblentz, pont sur la Moselle. — Vue générale. — Coblentz. — Andernach. — Appolinarisberg. — Rollandwerth. — Bonn, Cathédrale et Casino. — Cologne. — Dusseldorf.

42. Pierres de noir, 10-12.
41. Pierres de teintes, id.
1. Pierre pour couverture.
210. Feuilles coloriées, environ.
2103. Feuilles en noir, id.

20 = **Vues de Paris**. Lithog. par *Arnout* père. Grandeur, 18 sur 12 c.
Panorama de l'Arc de Triomphe. — Place de la Concorde (Fontaine). — Colonne de Juillet. — Colonne Vendôme. — Intérieur de Notre-Dame. — Panthéon. — Notre-Dame. — Jardin des Tuileries. — Place de la Concorde. — Palais-Royal. — Chambre des Députés. — Château des Tuileries. — École-Militaire. — Luxembourg. — Dôme des Invalides. — Arc de Triomphe du Carrousel. — Arc de Triomphe de l'Étoile. — École des Beaux-Arts. — Notre-Dame-de-Lorette. — Galerie d'Orléans. — Jardin des Plantes, 2. — Rue Castiglione. — Salle des Pas-Perdus. — Rue de Rivoli. — Hôtel des Invalides. — Saint-Cloud. — Saint-Sulpice. —

Porte Saint-Denis. — Place de la Bourse. — Pont du Carrousel.

30. Pierres de noir, 10-12 c.

221. Feuilles en noir sur chine, environ.

437. Feuilles en noir sur papier blanc, id.

21 = **Vues de Paris**. Lith. par *Walter*, à teinte graduée. Grandeur sans marge, 20 sur 15 c.

Palais-Royal. — Colonne de Juillet. — Colonne Vendôme. — Château de Versailles. — Paris à vol d'oiseau. — Bois de Boulogne. — Versailles à vol d'oiseau. — Cascade de Saint-Cloud. — Intérieur de la Madeleine. — Intérieur de Saint-Vincent-de-Paul. — Château des Tuileries. — Place de la Concorde. — Luxembourg.

13. Pierres de noir, 10-12.

13. Pierres de teinte, 10-12.

57. Feuilles teintes graduées, environ.

360. Feuilles en noir, teinte ordinaire, id.

22 = **Vues de Versailles**. Lithog. par *Arnout*. Grandeur, 16 sur 12 c.

Vue du Château (entrée). — Cour du Château. — Chapelle du Palais. — Façade sur le Parc. — Château et Orangerie. — La Colonnade. — Bassin de Latone. — Vue de la Terrasse de Latone. — Char d'Apollon. — Bassin d'Encelade. — Le Grand Trianon. — Le Petit Trianon.

1. Pierre pour couverture.

43. Pierres de noir, 8-10.

336. Epreuves en noir, environ.

23 = **Vues d'Algérie**. Lithog. par *Walter*. Grandeur, 20 sur 15 c.

23 Bis 12 Costumes d'algerie 1125 ap. -8 % 120. -30 %

Constantine. — El Cantara. — Pont d'Aumale. — Cascade du Rumel. — Constantine. — Camp arabe. — Alger (vue générale). — Vue de la Kasba. — Port la Santé. — Vue prise de l'hôpital du Dey. — Mosquée d'Alderaman. — Vue de la Mosquée-Neuve. — Vue prise de la Kasba. — Côté Babazoun. — Côté Bab-el-Oued. — Place Mahon. — Rue d'Enferville. — Maison Mauresque. — Oran. — Philippeville. — Stora. — Blidah.

23. Pierres de noir, 10-12. 6 138

22. Pierres de teintes, 8-10. 5 110 / 248

1. Pierre pour couverture.

86.40 192. Epreuves coloriées, environ.

70 65 589. Epreuves en noir, id.

157.05

24 = **Vues du Tyrol**. Gravées par *Salathé*. 57

Grandeur sans marge, 40 sur 25 cent.

Inspruck. — Landeck. — Batzen. — Inspruck. — Brixen. — Zirl. — Trient. — Inspruck. — Meran. — Tessino. — Vasugana.

12. Planches de cuivres, 6. 72

57.70 159. Epreuves en noir, environ.

25 = **Vues d'Amérique**. Gravées, format quart jésus. Grandeur, 18 sur 14 c. 8

New-York. — Capitole à Washington. — Vallée de Wyoming. — Boston. — Jardin Jolimont, à Philadelphie.

5. Planches de cuivres, 3. 15

12.30 88. Epreuves, environ.

26 = **Vues de Vichy**. Lithog. d'après **Moulin**, par *Ciceri* et *Benoist*. Grandeur, 22 sur 15 c.
Rue Montaret.--Etablissement thermal.--La Grande Grille. — Le Parc. — Fontaine Rosalie. — Maison Sévigné. — Source des Célestins.— Puits Lardy.— Fontaine des Trois-Cornets. — L'Église. — Vue générale. — Bords du Sichon, allée des Dames. — Place de Cusset. — Etablissement thermal à Cusset. — Château d'Effiat. — Château de Randan. — Maumont. — Château de Busset. — Fête du 15 août. — Danse de la Bourrée.

1. Pierre pour couverture.
21. Pierres de noir, 8-10
2. Pierres de teintes, id,
111. Epreuves coloriées, environ.
396. Epreuves en noir, id.

27 = **Costumes Suisses**. Lithog. par *Fanoli*, d'après **Suter**. Grandeur, 35 sur 28 c.
Batelière de Thoune. — Bernoise coquette. — Servantes d'auberge. — Maîtresse d'hôtel. — Heureux. — Contente.

6. Pierres de noir, 12-16.
6. Pierres de teintes, id.
75. Epreuves coloriées, environ.
25. Epreuves en noir, id.

28 = **Costumes Suisses**,
Faisant suite aux précédents.
La Bergère. — La fille du Fermier. — La fille du Vigneron. — Le Berger des Alpes.

4. Pierres de noir, 12-16.
4. Pierres de teintes, id.
1. Pierre pour le filet or.
53. Epreuves couleur, environ.

29 — **Douze costumes Suisses**, formant sujets. par *Yves Grenier*. Grandeur, 26 sur 21 c.

12. Pierres de noir, 10-12.
12. Pierres de teintes, id.
75. Epreuves coloriées, environ.
211. Epreuves en noir, id.

30 — **Costumes d'Italie**, formant sujets. Grandeur, 26 sur 21 c.
Nice.—Pise.—Venise.—Naples.—Florence.-Rome.

6. Pierres de noir, 10-12.
6. Pierres de teinte, id.
15. Epreuves coloriées, environ.
58. Epreuves en noir, id.

31 — **Costumes Suisses**, ovales, deux à la pierre. Grandeur, sans marge, 20 sur 16 c.
Zurich. — Berne, 2. — Lucerne, 2. — Urie. — Schwitz. — Underwald, 2. — Glaris. — Zoug. — Fribourg, la ville. — Fribourg, campagne. — Schaffnause, — Appenzel, 2. — Saint-Gall. — Grisons. — Argovie. — Turgovie. — Tessin. — Vaud. — Valais. — Neuchâtel. — Genève.

14. Pierres de noir, 12-16.
14. Pierres de teintes, id.
1. Pierre pour couverture.
593. Épreuves coloriées, environ.
300. Épreuves en noir, id.

32 = **Tableaux de la Suisse**. Lithog. par *Terry*, d'après **Diday**. Grandeur, 60 sur 45 c.
Glacier de Rosenlaui. — Le lac de Brientz. — Rives du lac de Genève. — Chute de la Sallanche.

4. Pierres de noir, 22-28 et 24-30.
98. Epreuves en noir, grand papier, environ.
62. Epreuves en noir, petit papier, id.
8. Épreuves coloriées.

33 = **Les Eléments**. Très-belles lithog. par *Fanoli*, d'après **Brochard**. Grandeur, 45 sur 35 c.
L'Eau au Printemps. — L'Air en Été. — La Terre en Automne. — Le Feu en Hiver.

4. Pierres de noir de 18-24.
4. Pierres de teintes de 18-24.
14. Épreuves coloriées, environ.
195. Épreuves en noir avec teinte, id.

34 = **Les Jolies Femmes de Paris**. Lithog. par *Schultz*, d'après les photographies de Meyer et Pierson. Grandeur sans marge, 36 sur 28 c.
Les Apprêts pour le Bal. — Première au rendez-vous. — Lui plairai-je. — Pour un ami de mon mari.

4. Pierres de noir, 14-18.
4. Pierres de teintes, 14-18.
34. Épreuves en noir, environ.

35 = **Grands Paysages**, par *Hubert Clerget* et *V. Adam*. Grandeur sans marge, 60 sur 45 c.
Départ pour la Chasse. — Retour de la Chasse. — Réception au Château. — Le jour du Marché. — Train de plaisir en Hiver. — L'Angélus.

6. Pierres de noir, 20-26.

6. Pierres de teintes, 18-24.

131. Épreuves en noir, environ.

28. Épreuves coloriées, id.

36 = **Paysages et Sujets**, par *Hubert Clerget* et *Victor Adam*. Grandeur, 60 sur 45 c.

La Suisse. — La France. — La Russie. — L'Angleterre.

4. Pierres de noir, 20-26.

4. Pierres de teintes, id.

89. Épreuves en noir, environ.

27. Epreuves coloriées, id.

37. = **Les quatre points du Jour**. Paysages ovales en hauteur, chromo, dessinés et lithog. par *Thenot*. Grandeur, 55 sur 42 c.

Le Matin. — Le Midi. — Le Soir. — La Nuit.

4. Pierres de noir, 18-24.

12. Pierres pour les teintes, 18-24.

59. Feuilles imprimées en couleur, environ.

38 = **Vues de Suisse**, ovales en chromo, lithog. par *Muller*, d'après **Bleuler**. Grandeur, 55 sur 45 c.

Le Mont-Blanc. — Le Giesbach. — Chute du Rhin. — Chapelle de Guilaume Tell.

4. Pierres de noir, 18-24.

12. Pierres pour les teintes, 18-24.

66. Feuilles imprimées en couleur, environ.

39 — **COLLECTION des GRANDES CHASSES**, nº 1 à 4, par *V. Adam*, et par *Yves Grenier*, 5 à 22. Grandeur, 60 sur 43 c.

Chasses au Lion. — Au Cerf. — A l'Ours noir — Au Sanglier. — Au Serpent Boa. — Au Tigre. — Au Crocodile. — A la Panthère. — Au Rhinocéros. — Au Bison. — A l'Autruche. — Au Gorille. — Au Chamois. — A l'Ours blanc. — Au Faucon — Au Renard. — Le grand serpent de Mer. — Chasse au Vautour. — A la Gazelle. — A l'Eléphant. — Courses de Taureaux, n. 1 et 2.

22. Pierres de noir, 18-24.
22. Pierres de teinte, 18-22.
260. Épreuves coloriées, environ.
475. Épreuves en noir, id.

40 — **Quatre grandes Marines**, lithog. par *Lebreton*. Grandeur, 60 sur 42 c.

Le Napoléon. — La Reine Hortense. — L'Astrolabe et La Zélée. — Naufrage de l'Alcmène.

4. Pierres de noir, 18-24.
4. Pierres de teintes, id.
30. Épreuves coloriées, environ.
55. Épreuves en noir, id.

41 — **Quatre grandes Pêches**, lithog. par *Lebreton*. Grandeur, 60 sur 42 c.

Pêche au Cachalot. — A la Baleine. — A la Sardine. — A la Morue.

4. Pierres de noir, 18-24.
4. Pierres de teintes, id.
40. Épreuves coloriées, environ.
67. Épreuves en noir, id.

42 — **Voyage à la recherche de Franklin**, lithog. par *Lebreton*. Grandeur, 60 sur 42 c.
Le prince Albert. — Le prince Albert appareillant. — Perte du Brandalbane. — Mort du lieutenant Bellet.

4. Pierres de noir, 18-24.
4. Pierres de teintes, id.
45. Épreuves coloriées, environ.

43 — **Grands Navires**, lithog. par *Lebreton*. Grandeur, 60 sur 42 c.
Le Clipper américain. — Le Nachville. — Le Monitor et le Mérimac. — Le Great Eastern. — L'Aigle, yacht impérial.

5. Pierres de noir, 18-24.
5. Pierres de teintes, id.
46. Épreuves coloriées, environ.
110. Épreuves en noir, id.

44 — **Chevaux**, dessinés et lithog. par *Damonde*. Grandeur, 54 sur 40 c.
Les Favoris du jeune maître. — Les Amis altérés. — L'Impatience. — La Satisfaction.

4. Pierres de noir, 18-24.
4. Pierres de teintes, 18-22.
36. Épreuves coloriées, environ.
23. Épreuves en noir, id.

45 — **Deux chevaux**, dessinés et lithog. par *Leclère*. Grandeur, 55 sur 42 c.
La Paix. — La Guerre.

2. Pierres de noir, 20-26.
2. pierres de teintes, 18-24.
30. Épreuves couleur, environ.

46 = **Napoléon entouré de ses généraux.** Lithog., par *Marin Lavigne*, d'après **Moulon.** Grandeur 73 sur 51 c.

1 pierre de noir. 24 — 38.
1 pierre, désignation des personnages. 12 — 16.

= Le même sujet en réduction, grandeur 51 sur 36 c.

1 pierre de noir. 18 — 22.
8 épreuves, grand format en couleur. environ.
24 épreuves petit format en noir, id.
9 épreuves id. en couleur, id.

47 = **Galerie des Artistes Suisses.** Reproduction de 25 tableaux des peintres les plus célèbres. Lithog par *Mouilleron, Terry, Laurent, Lugardon* fils, etc. Grandeur sans marge, 30 sur 20 c.

Le Reychenbach	d'après *Diday.*
La Femmme du prisonnier	*Van Meyden.*
Barque de pêche	*Ulrich.*
La Vache perdue	*Koller.*
Golfe de Salerne	*David.*
L'Orage dans les montagnes	*de Meuron.*
Le Pâturage	*Lugardon* fils.
La Pipe du grand-père	*Girardet*
Le Lundi	*Swegler.*
Le Crepuscule	*Bodmer.*
Environs d'Allans	*Duval.*
L'Entrée du bois.	*K. Girardet.*
La Dernière heure du condamné	*Lugardon* père.
Maison de pêcheurs	*Zelger.*
Environs de la Roche	*Calame.*
Le Petit blessé	*Vogel.*

Un Relai de diligence — *Simon.*
Intérieur d'Osteria — *Zwalen.*
Le lac de Brientz — *Guignon.*
La Vierge au jardin — *Deschwanden.*
Pont de Montreux — *Terry.*
La Tourmente — *Humbert.*
L'Aiguille verte — *Georges.*
L'Eiger — *de Meuron* père.
Gros temps — *Morel Fatio.*

25 pierres de noir. 10 — 12 et 10 — 14.
1 pierre pour couverture.
161 épreuves coloriées aquarelle environ.
644 épreuves en noir sur Chine id.
400 épreuves en noir petit papier id.

48 = **Le Serment du Grutli**, entouré des armes des 22 cantons; imprimé en chromo.
Grandeur, 35 sur 25 c.
1 pierre de noir, 12 — 16.
8 pierres pour teintes et couleurs.
56 épreuves chromo environ.

49 = **Etudes de Paysages**, par *Ferogio.*
Grandeur, 50 sur 33 c.
12 pierres de noir. 16 — 20.
12 pierres de teintes. id.
282 Epreuves en noir environ.

50 = **Six études de Paysages**, par *Pelletier.*
Grandeur, 50 sur 33 c.
6 pierres de noir. 12 — 16.
6 pierres de teintes. id,
16 épreuves coloriées aquarelles, environ.
124 épreuves en noir. id.

51 = **Six études de Paysages**, lithog. par *Terry*, d'après *Diday*. Grandeur 38 sur 27 c.

6 pierres de noir. 12 — 16.

(*Ces études ne sont pas publiées.*)

68 épreuves coloriées, environ.
69 épreuves en noir, grand papier. id.
114 épreuves noir, petit papier, id.

52 = **Etudes de plantes variées**, dessinées et lithog. par *Eugène Blery*. Grandeur 45 sur 35 c.

12 pierres de noir. 14 — 18.
36 épreuves coloriées, environ.
246 épreuves en noir sur chine, id.

53 = **Guide industriel**, par *Eugène Blery*. 24. Etudes de Plantes et de Fleurs.
Grandeur, 40 sur 30 c.

24 pierres de noir. 12 — 18.
2 pierres de teintes. 14 — 20.
1 pierre pour couverture, par *Edouard Muller*.
93 épreuves coloriées, environ.
1230 épreuves en noir, id.

54 = **L'Ange Gardien. — L'Ange consolateur**. Grandeur 48 sur 35 c.

2 pierres de noir. 18 — 24.

= Les mêmes sujets, réduction.
Grandeur, 25 sur 19 c.

2 pierres de noir. 10 — 12.
26 épreuves grand format en noir, environ.
38 épreuves petit format en couleur, id.
46 épreuves petit format sur chine, id.

55 = **Le Pater Noster** en quatre sujets, dessinés et lithograp. par *A. Deveria*. Grandeur 38 sur 31 c.

4 pierres de noir. 12 — 16.

4 pierres de teintes. 14 — 20.

Avec titre français — allemand — espagnol.

56 = **L'Ère Chrétienne**, dessiné et lithog. par *A. Deveria*. Chromo. Grandeur 25 sur 19 c.

L'Annonciation. — Couronnement de la Vierge. — La Samaritaine. — La Vierge au pilier. — L'Ascension. — Le Christ et les petits Enfants. — Le Christ en croix. — La Vierge au trône. — La Nativité. — l'Assomption.

10 pierres de noir. 10 — 12.

26 pierres de teintes et couleur. 10 — 12.

1 pierre de couverture.

217 épreuves imprimées en couleur, environ.

76 épreuves en noir, id.

57 = **La Tentation de Saint Antoine**. — **Anacréon**, deux sujets par *A. Deveria*. Grandeur, 48 sur 35 c.

2 pierres de noir. 16 — 20.

2 pierres de teintes. Id.

14 épreuves coloriées, environ.

58 = **Les Filles d'Adam**, par *A. Deveria*. Grandeur 22 sur 15 c.

Une dame sans gêne.—Le petit négligé.—Une Fille d'Eve. — Une fille d'Adam. — Rève d'amour. — Rève au plaisir. — Tentation de saint Antoine. — Jupiter et Antiope. — Le roi Candaule. — Joseph et la femme de Putiphar. — David et Betzabée. — Leda. — Phrinée. — Suzanne au bain. — Le premier péché. — Anacréon. — Psyché. — Vénus. — Une Andalouse. — Les vertus. — Les modèles. — Les trois Grâces. — Sympathie. — Accord. — Amazilie. — Une nouvelle Polka. — Vénus blessée. — Réconciliation. — Liberté — République. — Inspiration. — Naiveté. — Attente. — Réflexion. — Coquetterie. — Bacchante.

36. Pierres de noir. 10 — 12.
36 pierres de teintes. 12 — 16.
1 pierre pour couverture. 12 — 16.
321 épreuves coloriées, environ.
692 épreuves en noir, id.

= **Les Filles d'Adam.**
Réduction à neuf sujets à la feuille.
Grandeur, 10 sur 7 c.

2 pierres de noir. 12 — 16.
2 pierres de teintes. id.
30 épreuves coloriées, environ.
71 épreuves en noir, id.

59 = **Six Sujets**, par *Meyer*. Grandeur 24 sur 17 c.
Le grenier. — La Sentinelle en défaut. — L'étudiant à Paris. — Une bonne fortune. — Julie, j'attends mon boa. — Dieu, c'est ma tante.

6 pierres de noir. 12 — 16.
50 épreuves coloriées, environ.
78 épreuves en noir, id.

60 = **Quatre Sujets**, par *Regnier*.
Grandeur, 32 sur 24 c.

Passez votre chemin, — Finissez, dragon. — Ne te fais pas enlever. — Si tu pleures comme ça.

4 pierres de noir. 12 — 16.
4 pierres de teintes. Id.
55 épreuves coloriées, environ.
33 épreuves en noir, id.

61 = **Le Chapitre interrompu**. — **La Rose en danger**. Deux sujets par *Charpentier*. Grandeur, 43 sur 34 c.

2 pierres de noir. 16 — 20.
2 pierres de teintes. Id.
16 épreuves coloriées, environ.

= **Cœur qui se donne**. — **Cœur qui se vend**. — **La Rose en danger**. — **Chapitre interrompu**, quatre sujets par *Charpentier*. Réduction. Grandeur 32 sur 24.

4 pierres de noir. 10 — 12.
4 pierres de teintes. 12—16.
32 épreuves coloriées, environ.
80 épreuves en noir, id.

62 = **Quatre Sujets**, d'après *Compte Calix* et *Ceriez*. Grandeur sans marge, 27 sur 20.
Premier amour. — Première coquetterie. — Si tu es sage. — Tu n'as pas été sage.

4 pierres de noir. 12 — 16.
4 pierres de teintes. Id.
68 feuilles coloriées, environ.
31 feuilles en noir, id.

63 = **Quatre Sujets**, d'après *Baume* et *Lepan*. Grandeur sans marge, 27 sur 20 c.
Sortie de l'église. — Retour du petit Savoyard. — Comment me trouves-tu? — Délicieuse.

4 pierres de noir. 10 — 12.
4 pierres de teintes. 12 — 16.
55 épreuves coloriées, environ.
51 épreuves en noir, id.

64 = **Quatre Sujets**, lithog. par *Soulange Tessier*, d'après *Guet*. Grandeur sans marge, 37 sur 30 c.
Apporte, Caporal. — Moustache, chauffe-toi. — Leçon d'agriculture. — Hanneton vole.

4 pierres de noir de 16 — 20.
4 pierres de teintes de 14 — 18.
50 épreuves coloriées, environ.
78 épreuves en noir, id.

65 = **Repos maternel**. — **Le premier désir**. Deux sujets d'après *Gué* et *Léopold-Robert*. Grandeur, sans marge, 38 sur 30 c.

2 pierres de noir de 16 — 20.
20 épreuves coloriées, environ.
18 épreuves en noir, id.

66 = **Midi**. — **Minuit**. Deux sujets, par *Legrand*. Grandeur sans marge, 40 sur 30 c.

2 pierres de noir. 16-20.
2 pierres de teintes. Id.
13 épreuves coloriées environ.

67 = **Quatre sujets**, par *Teichel*. Grandeur sans marge, 50 sur 40 c.
Les Maris garçons. — Les Dames aux bains de mer. — Les Maris à la chasse. — Plusieurs points de vue.

4 pierres de noir. 18-24.
4 pierres de teintes. Id.
26 épreuves coloriées environ.
29 épreuves en noir, id.

68 = **Etude d'après nature.** — **Pochade sous bois.** Deux sujets, par *C. Deshayes.* Grandeur sans marge, 45 sur 32 c.
2 pierres de noir. 15-18.
2 pierres de teintes. 18-22.
2 épreuves coloriées environ.

69 = **Le Collier.** — **La Lettre.** Têtes de femmes, par *Schulz.* Grandeur, 38 sur 30 c.
2 pierres de noir. 14-18.
2 pierres de teintes. Id.
18 épreuves coloriées environ.
34 épreuves en noir, id.

70 = **Devoirs d'une mère.** — **Soins récompensés.** Deux sujets ovales, par *Schulz.* Grandeur, 38 sur 30.
2 pierres de noir. 14-18.
2 pierres de teintes. Id.
28 épreuves coloriées environ.

71 = **Qui veut mordre.** — **Ma rose vous plaît-elle.** Sujets ovales, par *Charpentier.* Grandeur, 38 sur 30 c.
2 pierres de noir de 16-20.
2 pierres de teintes de 14-18.
62 épreuves coloriées environ.

72 = **Le Verrou.** — **Le Consigné,** par *Colbrun.* Grandeur, 48 sur 35 c.
2 pierres de noir. 16-20.
2 pierres de teintes. 16-20
20 épreuves coloriées environ.
= Les mêmes en réduction. Grandeur, 30 sur 22 c.

2 pierres de noir. 10-14.

2 pierres de teintes. 10-12.

33 épreuves coloriées environ

200 épreuves en noir, id.

73 = **Plus fraîche que la rose. — Plus volage que le papillon.** Deux sujets, par *Lepan.* Grandeur sans marge, 40 sur 30 c.

2 pierres de noir. 16-20.

2 pierres de teintes. 15-18.

6 épreuves coloriées environ.

74 = **Plus content qu'un prince.** Grandeur, 38 sur 30 c.

1 pierre de noir. 16-20.

= Le même, réduction Grandeur, 30 sur 25 c

1 pierre de noir. 12-16.

4 épreuves coloriées, grand format, environ.

40 épreuves coloriées, petit format, id.

12 épreuves en noir, petit format, id.

75 = **Les quatre Saisons.** Sujets de moines comiques. Grandeur, 30 sur 22 c.

4 pierres de noir. 12 16.

4 pierres de teintes. 12-16.

83 épreuves coloriées environ.

122 épreuves en noir, id.

76 = **Six sujets** lithog. en chromo, par *Bayalos.* Grandeur sans marge, 35 sur 23 c.

Plaisir d'hiver. — Le Nid. — Le Papillon. — Batelière de Brientz. — Le Brouillard. — La Neige.

6 pierres de noir. **14-18.**
18 pierres de teintes et couleur. **12-16.**
1 pierre pour le filet d'or.
77 épreuves coloriées environ.

77 = **La Jeunesse.** Quatre sujets ovales, par *Numa.* Grandeur, 33 sur 26 c.

Amour de l'Étude. — Étude de l'Amour. — Les Charmes de la Magicienne. — Le Magicien charmé.

4 pierres de noir. **12-16.**
4 pierres de teintes. **12-16.**
55 épreuves coloriées environ.
121 épreuves en noir à teinte, id.

78 = **Les Moissonneurs. — La fête de la Madone de l'Arc.** Deux sujets, d'après *Léopold Robert.* Grandeur, 28 sur 18 c.

2 pierres de noir. **10-12.**
2 pierres de teintes. **10-14.**
84 épreuves en noir environ.

79 = **L'Ami fidèle. — La Pie voleuse.** Deux sujets, par *Geriez.* Grandeur, 40 sur 32 c.

2 pierres de noir. **12-16.**
2 pierres de teintes. **12-16.**
29 épreuves coloriées environ.

80 = **Marines,** Navires. Collection de 52 sujets maritimes. Grandeur sans marge, 26 sur 20 c.

52 pierres de noir. **10-12** et **8-10.**
1 pierre de couverture.
52 pierres de teintes. **10-12** et **8-10.**
1852 épreuves noir et couleur environ.

81 = **Solferino**. Grande bataille, par *Gustave Doré*. Grandeur, 58 sur 38 c.

1 pierre de noir. 18-24.

1 pierre de teinte. 18-24.

ESTAMPES

DIVERSES EN FEUILLES

Qui formeront un grand nombre de Lots.

82 = **Estampes anglaises**, d'après Ansdell, Herring, Landseer et autres. Sujets de chevaux de chasse et autres.

83 = **Estampes françaises**. Luther brûlant la bulle du pape et pendant, par Girard, d'après Labouchère, sur papier de Chine ; Bonaparte aux Pyramides, par Vallot, Daniel de Ziegler, sur Chine ; Barrière de Clichy et autres.

84 = **Estampes allemandes** et autres. Serment des trois Suisses, par Lugardon ; Guillaume Tell, et Arnold de Winkelried, d'après Vogel, gravées au burin et autres.

85 = **Lithographies**. Sujets de genre, de chasse ; grandes études de Julien, Fanoli et autres, en noir. Rehaut et couleur à fond noir ; Photographies.

86 = **Albums**. Armée française, 1790 à 1855, couleur ; Souvenir de Bretagne, couleur ; Galerie royale de costumes de Deveria et autres, couleur ; Fleurs de Champin ; Album Bijou ; Cours de figures, par Julienne ; Amour du bien ; Caricatures, etc., etc.

Renou et Maulde, imprimeurs de la Compagnie des Commissaires-Priseurs, 144, rue de Rivoli. 38963

RENOU et MAULDE, imprimeurs de la Compagnie des Commissaires-Priseurs, rue de Rivoli, 144. 38963

www.ingramcontent.com/pod-product-compliance
Lightning Source LLC
LaVergne TN
LVHW010008230826
846092LV00002B/711

* 9 7 8 2 3 2 9 5 0 7 4 6 0 *